Das lächerlich einfache Handbuch für apple Services

Das Anfänger Handbuch zu Apple Arcade, Apple Card, Apple Music, Apple TV, und iCloud

Scott La Counte

Anaheim, California

www.RidiculouslySimpleBooks.com

Copyright © 2021 by Scott La Counte.

Alle Rechte vorbehalten. Kein Teil dieser Publikation darf reproduziert, verteilt oder versandt werden, in keiner Form und mit keinen Mitteln, einschließlich des Photokopierens, Aufnehmens oder anderer elektronischer oder mechanischer Methoden, ohne die vorherige schriftliche Erlaubnis des Publizisten, außer der Verwendung kurzer Zitate in kritischen Berichten und in bestimmten nicht-kommerziellen Gebrauchsformen, die das Copyright Gesetz erlaubt.

Eingeschränkte Verfügbarkeit/ Garantieerklärung. Während bei der Vorbereitung des Buches die größten Bemühungen gemacht worden sind, machen der Autor und der Verlag keinerlei Versprechen bezüglich der Repräsentation und Garantie der Inhalte und Übernehmen keine Verantwortung etwaiger Art für die Richtigkeit oder Vollständigkeit des Inhalts. Im Genauen können weder der Autor noch der Verlag für haftbar oder verantwortlich gegenüber jeder Person oder Gruppe erklärt werden, wenn es um etwaige Verluste oder Folgeschäden geht, die tatsächlich oder angeblich durch die hierin enthaltenden Programme direkt oder indirekt ohne Ausnahmen und Einschränkungen verursacht worden sind. Außerdem sollten sich Leser darüber im Klaren sein, dass die Internetseiten, die hier aufgeführt werden, sich entweder verändert haben oder verschwunden sein könnten. Dieses Werk wird mit dem Einverständnis verkauft, dass die darin enthaltenden Informationen und Empfehlungen nicht für jede Situation geeignet sind.

Trademarks. Wo Handelsmarken in diesem Buch verwendet werden bedeutet dies keine Unterstützung oder Zugehörigkeit. Alle Handelsmarken (einschließlich, aber nicht ausschließlich von Screenshots), die in diesem Buch verwendet werden dienen ausschließlich editorischen und informativen Zwecken.

Haftungsausschluss: Bitte bemerken Sie, dass dieses Buch nicht von Apple, Inc. Unterstützt wird, obwohl die Richtigkeit dieser Publikation mit den größten Mühen sichergestellt wurde.

Inhaltsverzeichnis

EINLEITUNG 5
    iCloud *6*
    Apple Arcade *16*
    Apple TV+ *21*
    Apple Music *22*
    Apple News+ *39*
    Apple Card *52*
  FITNESS+ *63*
ÜBER DEN AUTOR 67

Einleitung

Früher kam Apple einmal im Jahr auf die Bühne, um eine explosive Neuigkeit anzukündigen! Das iPhone! Das iPad! Die Apple Watch! Der iPod! Das passiert auch heute noch, aber Apple ist sich auch der Realität bewusst: Die meisten Menschen erhöhen Ihre Hardware nicht jedes Jahr. Und wie verdient man als Firma Geld, wenn das passiert? In einem Wort zusammengefasst: Dienstleistungen.

In den letzten Jahren (insbesondere im Jahr 2019) kündigte Apple mehrere Dienstleistungen an – Angebote, die die Leute als monatlich zu bezahlendes Angebot benutzen wollen würden. Diese geben Apple die Möglichkeit, weiterhin Geld zu verdienen, selbst wenn die Leute keine Hardware kauften.

Damit das funktioniert, wusste Apple, dass die Angebote gut sein mussten. Die Firma konnte nicht einfach einen unterdurchschnittlichen Service anbieten und erwarten, dass die Leute diesen bezahlen, nur weil Apple im Namen vorkommt. Nein, das Angebot musste gut sein. Und das ist es auch!

Dieses Buch stellt Ihnen die verschiedenen Angebote vor und wird Schritt für Schritt erklären, wie Sie das Beste aus Ihnen machen können.

iCloud

iCloud ist etwas, über das Apple nicht viel spricht, aber es ist Ihr vielleicht größter Service. Es wird angenommen, das rund 850 Millionen ihn benutzen. Das komische daran ist, dass viele Menschen nicht einmal wissen, dass Sie ihn benutzen.

Was genau ist es? Wenn Sie mit Google Drive vertraut sind, verstehen Sie das Konzept wahrscheinlich bereits. Es ist ein Online-Schließfach. Aber es ist gleichzeitig mehr als das. Hier können Sie Dateien speichern und alles synchronisieren. Wenn Sie also eine Nachricht auf Ihrem iPhone senden, wird sie auf Ihrem MacBook und iPad angezeigt. Wenn Sie von Ihrem iPad aus an einer Keynote-Präsentation arbeiten, können Sie dort weitermachen, wo Sie auf Ihrem iPhone aufgehört haben.

Was an iCloud noch besser ist, ist, dass es erschwinglich ist. Neue Telefone erhalten 5 GB kostenlos. Von dort aus lautet die Preisspanne wie folgt (beachten Sie, dass sich diese Preise ändern können):

- 50GB: $0.99
- 200GB: $2.99
- 2TB: $9.99

Diese Preise gelten für alle in Ihrer Familie. Wenn Sie also fünf Personen in Ihrem Plan haben, benötigt nicht jede Person ihren eigenen Speicherplan. Dies bedeutet auch, dass Einkäufe gespeichert werden. Wenn ein Familienmitglied ein Buch oder einen Film kauft, kann jeder darauf zugreifen.

iCloud ist mit dem Wachstum der Fotobibliothek noch leistungsfähiger geworden. Früher waren die Fotos relativ klein, aber mit fortschreitenden Kameras nimmt die Fotogröße zu. Die meisten Fotos auf Ihrem Telefon sind mehrere MB groß. iCloud bedeutet, dass Sie die neuesten auf Ihrem Telefon behalten und die älteren in die Cloud stellen können. Dies bedeutet auch, dass Sie sich keine Sorgen machen müssen, dass Sie für das Telefon mit der größten Festplatte bezahlen müssen. Selbst wenn Sie über die größte Festplatte verfügen, besteht die Möglichkeit, dass nicht alle Ihre Fotos darauf passen.

Wo ist iCloud?

Wenn Sie auf Ihr Handy kucken, sehen Sie die iCloud App nicht. Das liegt daran, dass es keine iCloud App gibt. Es gibt mehrere Funktionen in der „Files" App, die wie ein Sicherheitsfach funktionieren.

Um iCloud anzusehen, sollten Sie Ihren Computer Browser auf iCloud.com ausrichten.

Sobald Sie sich angemeldet haben, werden alle in Ihrer Cloud gespeicherten Elemente angezeigt - Fotos, Kontakte, Notizen, Dateien; dies sind alles Dinge, auf die Sie auf allen Ihren Geräten zugreifen können.

Sie können iCloud zusätzlich von jedem Computer aus (sogar PCs) benutzen; das ist besonders hilfreich, wenn Sie den iPhone finden Modus benutzen wollen, welcher nicht nur Ihr iPhone lokalisiert, sondern auch Ihre anderen Applegeräte ausfindig machen kann—Handys, Uhren und sogar AirPods.

Erstellen Sie mit iCloud eine Sicherheitskopie für Ihr Handy

Das erste, was Sie über iCloud wissen sollten, ist, wie Sie Ihre Telefondaten damit absichern können. Dies müssen Sie immer dann tun, wenn Sie von einem Handy auf ein anderes wechseln.

Sollte es auf dem Handy keine iCloud App geben, wird es schwer zu wissen, wie das gehen soll, oder nicht? Es gibt dafür zwar keine native App im traditionellen Sinne, wie Sie es kennen, aber dafür gibt es diverse iCloud Einstellungen in der Einstellungen Applikation.

Öffnen Sie die App „Einstellungen." Oben sehen Sie Ihren Namen und Ihr Profilbild. Tippen Sie darauf.

Dadurch werden meine ID-Einstellungen geöffnet, in denen ich beispielsweise Telefonnummern und E-Mails aktualisieren kann. Eine der Optionen heißt iCloud. Tippen Sie darauf.

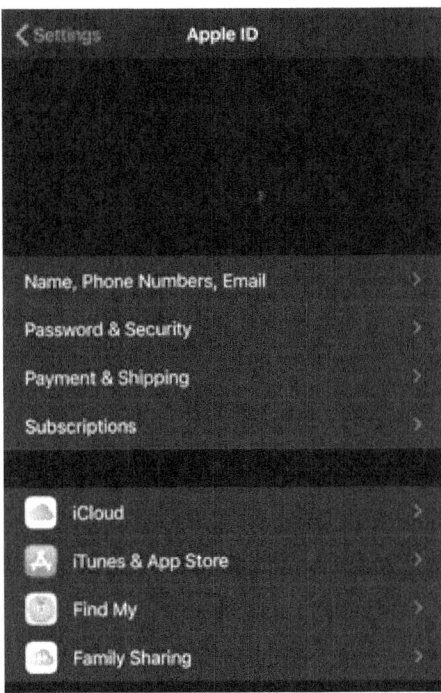

Scrollen Sie ein wenig nach unten, bis Sie zu der Einstellung iCloud Backup gelangen, und tippen Sie darauf.

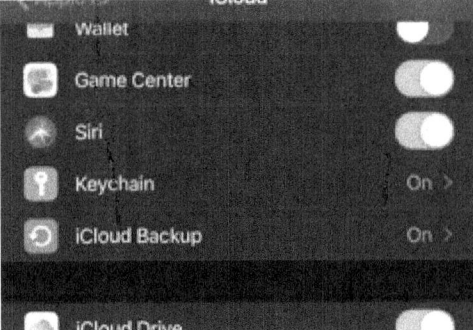

Dies wird wahrscheinlich eingeschaltet sein (der Wechselschalter wird grün angezeigt); Wenn Sie die Dinge lieber manuell ausführen möchten, können Sie sie deaktivieren und dann "Jetzt sichern" auswählen. Wenn Sie hier etwas deaktivieren, müssen Sie jedes Mal eine manuelle Sicherung durchführen.

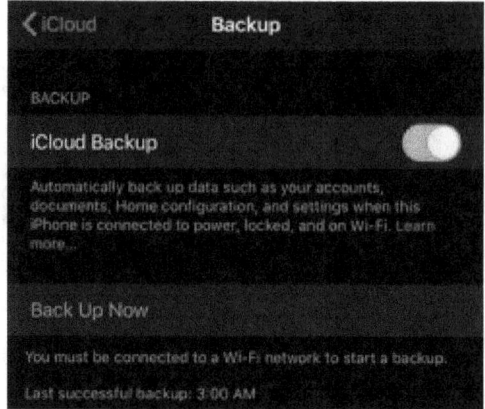

In der iCloud können Sie auch einstellen, welche Apps iCloud benutzen, und sehen, wie viel Speicherplatz Sie noch übrighaben. Ich besitze den 2-TB-Plan uns habe mit allen Mitbenutzern rund die Hälfte davon.

Wenn Sie auf Speicher verwalten tippen, können Sie sehen, wo der Speicherplatz verwendet wird. Sie können Ihr Konto auch von dieser Seite aus aktualisieren oder downgraden, indem Sie auf Speicherplan ändern tippen.

Tippen Sie auf Familiennutzung und Sie können genauer sehen, welche Familienmitglieder was benutzen. Sie können von dieser Seite aus auch das Teilen von Daten beenden.

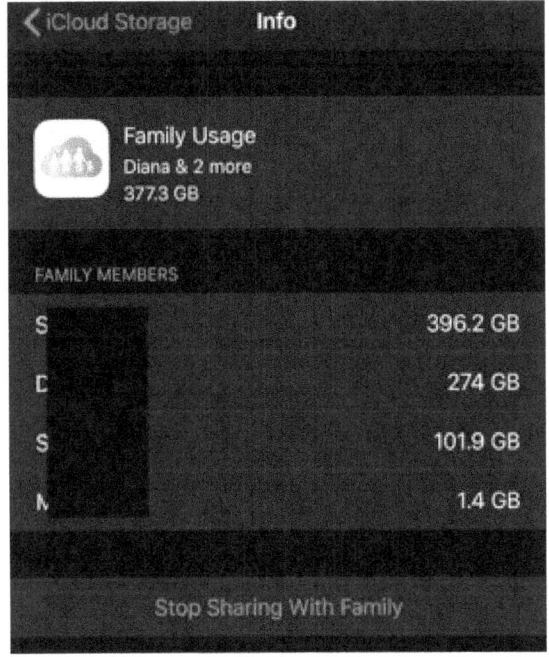

Alles auf ein Neues Gerät bewegen
Wenn Sie ein neues Gerät erhalten, werden Sie während des Set-Ups aufgefordert, sich mit der Apple-ID, die Ihrem vorherigen Gerät

zugeordnet ist, anzumelden. Sie werden anschließend die Option zu haben, Dateien von einem vorherigen Gerät aus wiederherzustellen.

Teilen Sie Bilder mit iCloud

Gehen Sie auf Einstellungen > Fotos, um Fotos zu teilen oder mithilfe von iCloud zu speichern, stellen Sie dabei sicher, dass iCloud Fotos auf grün eingestellt ist. Wenn Sie Probleme mit Ihrem Speicherplatz haben, können Sie unten eine Option auswählen, um Ihren Speicherplatz zu optimieren.

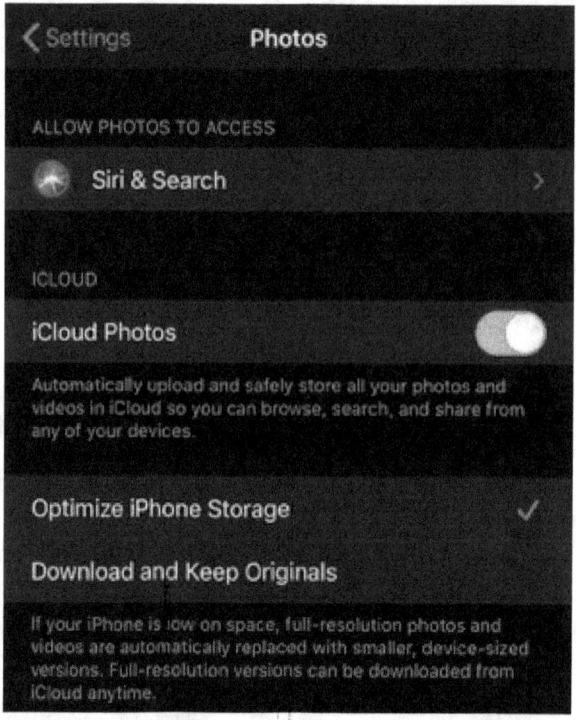

Dateien App

Öffnen Sie die Dateien-App, um Ihre Cloud-Dateien anzusehen.

Das erste was Sie sehen, sind Ihre zuletzt benutzten Dateien.

Falls Sie das, wonach Sie suchen, nicht sehen können, gehen Sie auf die unteren Registerkarten und wechseln Sie vom kürzlich benutzt Bereich auf "Durchsuchen".

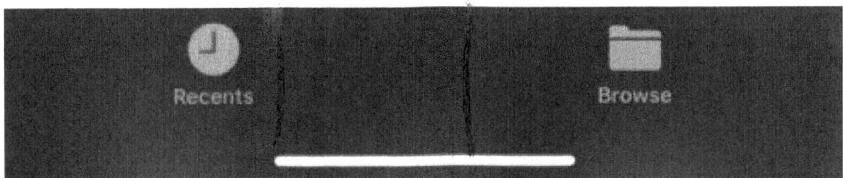

Dies öffnet einen etwas traditioneller aussehenden Datei-Explorer.

14 | DAS LÄCHERLICH EINFACHE HANDBUCH FÜR APPLE SERVICES

Wenn Sie einen neuen Ordner erstellen, eine Verbindung zu einem Server herstellen, oder ein Dokument scannen möchten, tippen Sie auf die drei Punkte in der oberen linken Ecke, um Ihre App-Optionen zu öffnen.

Mit „Dokumente scannen" können Sie Ihre Kamera wie einen herkömmlichen Flachbettscanner zum Scannen und Drucken von Dokumenten verwenden.

Sie können auf „Nach Namen sortieren" tippen, um die Reihenfolge, nach der die Dateien sortiert sind, zu verändern.

iCloud Einstellungen

Eine weitere wichtige Ansammlung von iCloud-Einstellungen befindet sich unter Einstellungen> Allgemeines> iPhone-Speicher.

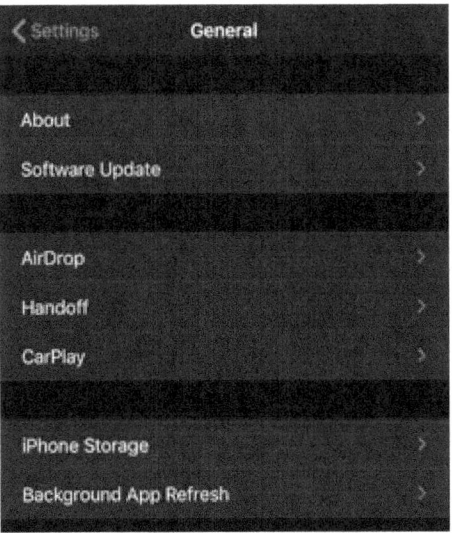

Wenn Sie darauf tippen, wird Ihnen angezeigt, wie viele Speicherplatz Apps verwenden, und verbessernde Empfehlungen abgegeben.

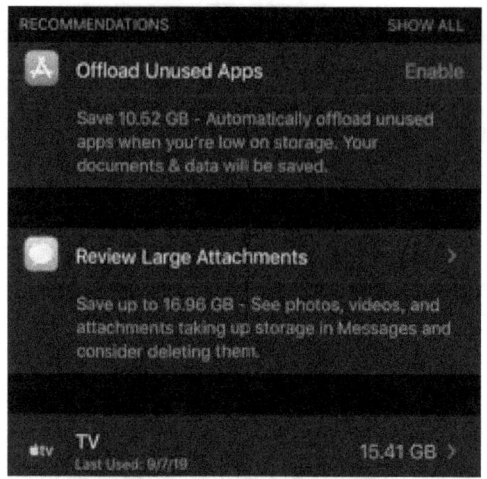

APPLE ARCADE

Apple Arcade kann wie Netflix für Spiele beschrieben werden. Das kostet 4,99 US-Dollar pro Monat (es fallen keine extra Kosten für Familienmitglieder an – teilen Sie dies kostenlos mit bis zu fünf Familienmitgliedern)

Für den Preis haben Sie Zugriff auf über 100 Spiele. Im Gegensatz zu einigen Streaming-Diensten, bei denen Sie die Spiele online spielen müssen, können Sie mit Apple Arcade auch Spiele herunterladen, um sie offline zu spielen. Sie können sie auf allen Apple-kompatiblen Geräten abspielen: iPhone, iPad und Apple TV. Wenn Sie aufhören, auf Ihrem Handy zu spielen, können Sie an der entsprechenden Stelle auf dem Fernseher oder iPad weiterspielen.

Es gibt keine Werbung, und Sie können die Funktion auch mit Kindersicherung verwenden.

Wie Sie sich Anmelden

Apple Arcade ist keine App, sondern ein Service. Sie laden nur das herunter, was Sie wollen. Melden Sie sich an, indem Sie den App Store besuchen und auf Arcade tippen. Dies bringt Sie zum Hauptmenü von Arcade, wo Sie sich dann nur noch mit einer Kindersicherung anmelden müssen.

Sobald Sie sich angemeldet haben, wird ein Begrüßungsmenü angezeigt.

Das Arcade Menü ist neuerdings durch Spiele, die Sie herunterladen können, ersetzt worden. Tippen Sie auf Herunterladen, wenn Sie ein Spiel haben wollen. Alles kostet nur $4.99—und ist keine App.

18 | DAS LÄCHERLICH EINFACHE HANDBUCH FÜR APPLE SERVICES

Wenn Sie sich eine Spielbeschreibung durchlesen, sollten Sie auf die App Größe achten; wenn Sie nur begrenzte mobile Daten haben, sollten Sie alles über das W-Lan herunterladen.

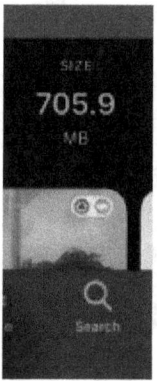

Die App sieht wie jede andere App auf Ihrem Handy aus. Der einzige Unterschied ist der "Splash Screen", auf dem "Arcade steht.

Das Arcade Abonnement beenden

Alle Abonnements werden auf die gleiche Art beendet. Gehen Sie im App Store zu Ihrem Account und tippen sie dann auf Ihre Abonnements.

Dies zeigt Ihnen alle Ihre aktiven Abonnements, einschließlich Apple Arcade .

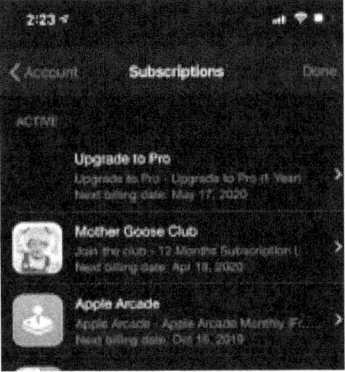

Sobald Sie daraufklicken, gibt es unten eine Option zum Abbrechen.

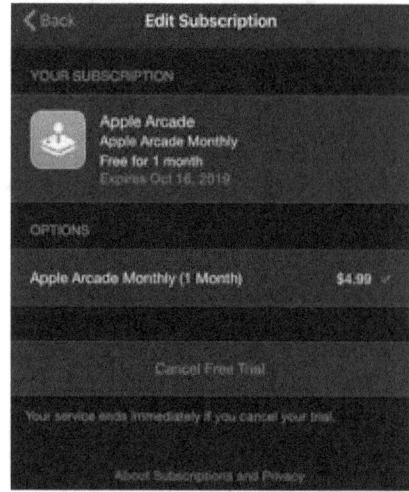

Sie erhalten eine Benachrichtigung, dass alle Ihre Spiele nach Ablauf Ihres Abonnements gelöscht werden (Hinweis: Diese läuft am ursprünglichen Ablaufdatum ab - nicht an dem Tag, an dem Sie kündigen).

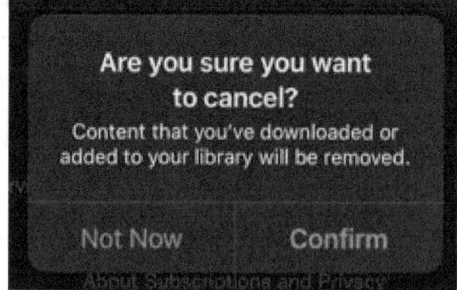

Unter Abonnementdetails erfahren Sie jetzt, wann das Abonnement gekündigt wurde.

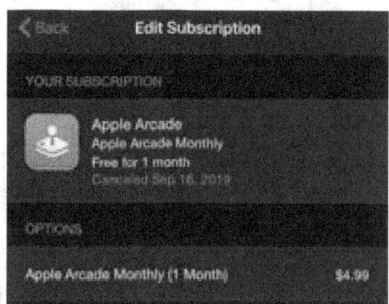

Apple TV+

Apple hat schon seit einiger Zeit still und heimlich an einem Fernsehservice gearbeitet. Im Jahr 2019, enthüllten Sie endlich die Details. Dieser kostet $4.99 im Monat (er ist beim Kauf eines iPhones, iPads, einer Apple Watch, oder eines Macs kostenlos dabei—dies kann sich in Zukunft aber ändern), und war ab dem ersten November erstmals verfügbar.

Rufen Sie die TV-App auf, um eine dieser Shows anzusehen. Diese ist für Apple TV, iPad und iPhone verfügbar. Sie erinnert sich an den Ort, an dem Sie auf dem Gerät pausiert hatten, und Sie können dort weiterschauen, wo Sie auf einem anderen aufgehört haben.

Weil es sich hier um ein anderes Format handelt, könnten sich die Dinge in Zukunft ändern, aber zu dem Zeitpunkt, zu dem dieses Buch geschrieben wurde, waren die unten aufgeführten TV-Serien verfügbar:

Dramas
- Amazing Stories (Science Fiction / Anthologie)
- Defending Jacob (Krimi Drama)
- For All Mankind (Science Fiction / Alternative Geschichte)
- Home Before Dark (Mystery)
- The Morning Show (Drama)
- See (Science Fiction)
- Servant (Thriller)
- Tehran (Thriller)
- Truth Be Told (Legales Drama)

Komödien
- Dickinson (Zeitkomödie)
- Ghostwriter (Familie / Mystery)
- Little America (Anthologie)
- Little Voices (Musik / Komödie)
- Mythic Quest: Raven's Banquet (Arbeitsplatz Komödie)
- Ted Lasso (Sport Komödie)
- Trying (Romantische Komödie)
- Central Park (Animierte Komödie)

Für Kinder

- Doug Unplugged
- Fraggle Rock: Rock On!
- Helpsters
- Helpsters Help You
- Snoopy In Space
- Stillwater

Kurierte Filme
- The Banker (Drama)
- Greyhound (Krieg)
- Hala (Drama)
- On the Rocks (Drama)

Dokuserien
- Becoming You
- Dear...
- Earth At Night In Color
- Greatness Code
- Home
- Long Way Up
- Oprah's Book Club / The Oprah Conversation
- Tiny World
- Visible: Out On Television

Dokumentationen
- Beastie Boys Story
- Boys State
- Dads
- The Elephant Queen

Mehr Serien und Filme werden monatlich hinzugefügt und die Serien werden durch zukünftige Staffeln erweitert, also ist zu erwarten, dass sich dieser Bereich schnell verändert.

APPLE MUSIC

Apple Music ist Apples Musik Streaming Service.

Die meisten Menschen fragen sich, was besser ist: Spotify oder Apple Music? Es ist schwer zu sagen. Beide haben die gleiche Menge an Songs, und sie kosten beide das gleiche ($9.99 im Monat, $5 für Studenten, $14.99 für Familien).

Es gibt wirklich keinen klaren Gewinner. Am Ende hängt alles von Ihren Präferenzen ab. Spotify hat einige gute Funktionen—wie etwa einen durch Werbung unterstützten, kostenlosen Plan.

Eine der herausstechenden Funktionen von Apple Music ist iTunes Match. Wenn Sie wie ich sind und eine große Sammlung von Audiodateien auf Ihrem Computer haben, werden Sie iTunes Match lieben. Apple legt diese Dateien in der Cloud ab und Sie können sie auf jedem Ihrer Geräte streamen. Diese Funktion ist auch dann verfügbar, wenn Sie Apple Music für 25 US-Dollar pro Jahr nicht haben.

Apple Music geht auch gut in Verbindung mit anderen Apple-Geräten. Wenn Sie also ein Apple-Haus sind (d. H. Alles, was Sie besitzen, von intelligenten Lautsprechern bis hin zu TV-Medienboxen, hat das Apple-Logo), ist Apple Music wahrscheinlich das Beste für Sie.

Apple ist mit anderen intelligenten Lautsprechern kompatibel, wurde jedoch entwickelt, um auf den Eigengeräten zu glänzen.

Ich werde Spotify an dieser Stelle nicht ansprechen, würde Ihnen aber empfehlen, beides auszuprobieren (in dem Sie die kostenlosen Testversionen benutzen) um zu sehen, welcher Anbieter Ihnen lieber ist.

Ein Schnellkurs für Apple Music

Bevor Sie sich mit Apple Music befassen, sollten Sie beachten, dass Sie jetzt auch über Ihren Webbrowser (in Beta-Form) auf Apple Music zugreifen können: http://beta.music.apple.com.

Es ist auch erwähnenswert, dass ich eine kleine Tochter habe und nicht viel "erwachsene" Musik anhören kann, daher werden die folgenden Beispiele viel Kindermusik anzeigen!

Die Hauptnavigation von Apple Music befindet sich im unteren Bereich. Sie können aus fünf Basismenüs auswählen:

- Bibliothek
- Für Sie
- Browsing
- Radio

- Suche

Bibliothek

Wenn Sie Wiedergabelisten erstellen oder Songs oder Alben herunterladen, finden Sie diese hier.

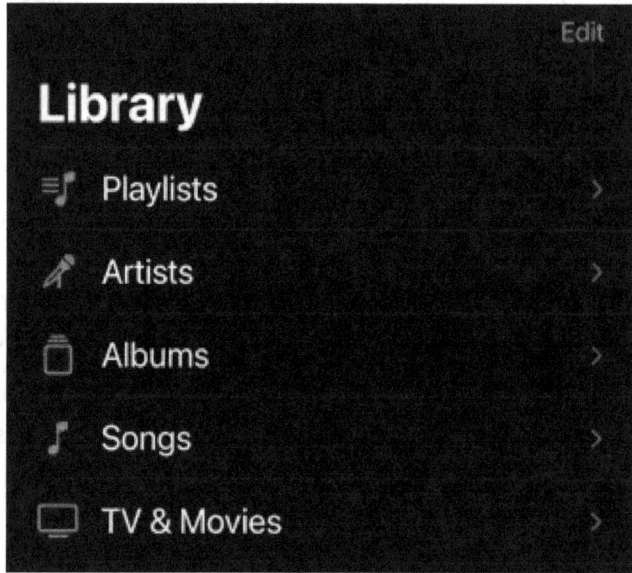

Sie können die Kategorien, die in dieser ersten Liste angezeigt werden, ändern, indem Sie auf Bearbeiten tippen und dann die gewünschten Kategorien abhaken. Stellen Sie sicher, dass Sie auf Fertig klicken, um Ihre Änderungen zu speichern.

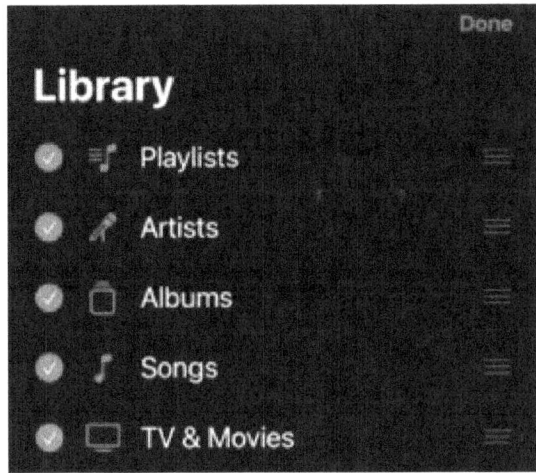

Wenn Sie auf die Wiedergabeliste, die Sie abspielen möchten, tippen, können Sie sie auch mit Ihren Freunden teilen, indem Sie auf die drei Punkte tippen, die das Optionsmenü anzeigen, und dann auf „Wiedergabeliste freigeben" tippen.

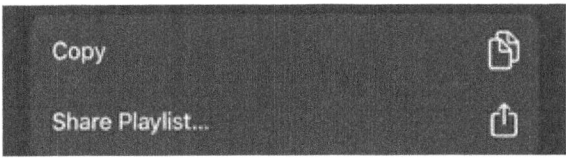

Jetzt Anhören

Während Sie Musik abspielen, lernt Apple Music Sie immer besser kennen. Es gibt Empfehlungen basierend auf dem, was Sie sich anhören. Unter „Jetzt Anhören" können Sie eine Mischung aus all diesen Songs aufrufen und sich andere Empfehlungen anzeigen lassen.

26 | DAS LÄCHERLICH EINFACHE HANDBUCH FÜR APPLE SERVICES

Neben verschiedenen den Musikstilen gibt es auch Empfehlungen von Freunden, sodass Sie neue Musik entdecken können, basierend auf dem, was Ihre Freunde hören.

Browsen

Sie suchen nicht nach Empfehlungen? Sie können im Browser Menü nach Genres suchen. Zusätzlich zu den Genre Kategorien können Sie einsehen, welche Musik neu ist und welche Musik beliebt ist.

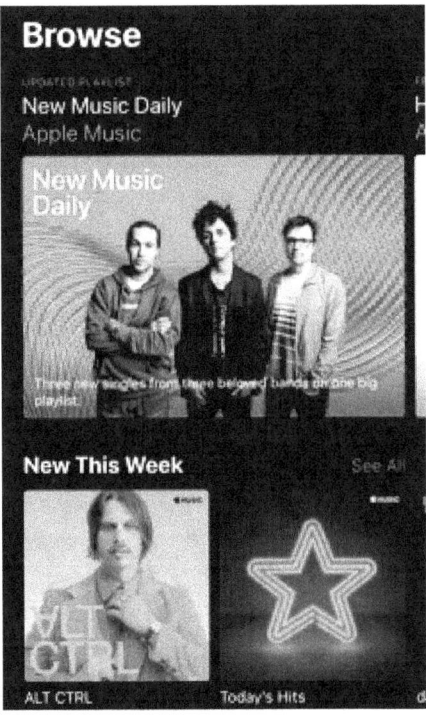

Radio

Radio ist Apples Version von AM/FM; Beats One ist der Hauptsender. Es gibt on-Air DJs und alles andere, was man von einer Radio Station erwarten kann.

Während Beats One Apples Flaggschiff ist, ist sie nicht die einzige Station. Sie können nach unten scrollen und unter Mehr auf Radiosender tippen, um mehrere andere Sender durchzusehen und zu erkunden, die nach Musikstilen basieren geordnet sind (z. B. Country, Alternative, Rock usw.). In diesem Menü finden Sie auch eine Handvoll Talk-Stationen, die sich mit Nachrichten und Sport befassen. Erwarten Sie nicht, dass Sie hier das Meinungsbildungsradio finden, das Sie möglicherweise im regulären Radio hören – die Shows sind nicht sehr kontrovers.

Suchen

Die letzte Option ist das Such Menü, und das erklärt sich eigentlich von selbst. Geben Sie das, wonach Sie suchen wollen, ein (wie etwa den Interpreten, das Album, das Genre und so weiter).

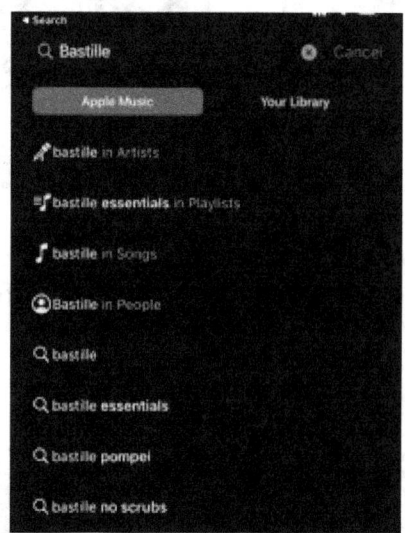

Hören Sie sich Musik an und Erstellen Sie eine Playlist

Sie können auf die Musik, die Sie sich gerade anhören vom unteren Bildschirmbereich auszugreifen.

So wird das, was Sie sich anhören, im Vollbildmodus mit mehreren Optionen angezeigt.

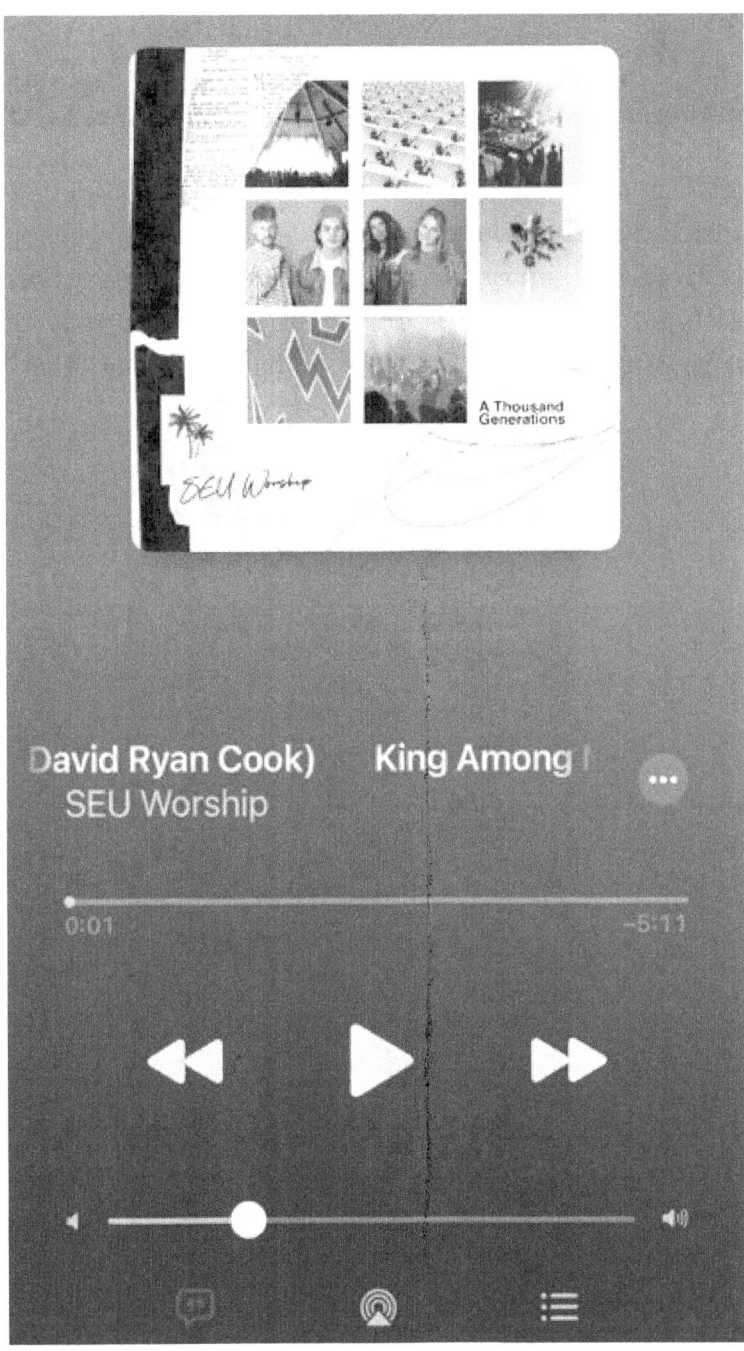

Die Tasten für Wiedergabe, Zurück / Vorwärts und Lautstärke sind ziemlich leicht zu verstehen. Die Schaltflächen darunter sehen möglicherweise neu aus.

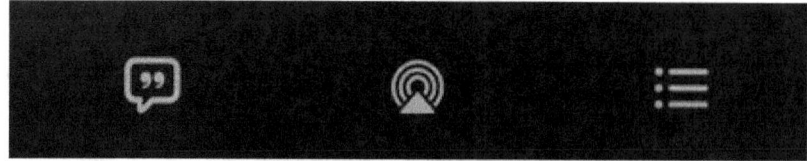

Die erste Option ist für Liedtexte. Wenn das Lied angehalten wird, können Sie sich die Texte durchlesen. Wenn das Lied abgespielt wird, werden die Texte zu dem gerade abgespielten Lied fett gedruckt. Wenn Sie sich jemals gefragt haben, ob ein Sänger "dense" oder "dance" sagt, kann Ihnen die Funktion endlich alles klar machen.

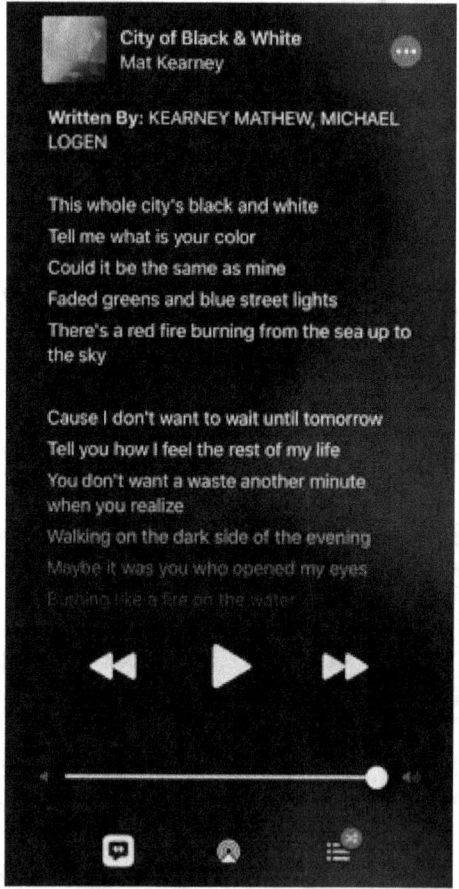

Die mittlere Option erlaubt es Ihnen sich auszusuchen, wo Sie die Musik abspielen möchten. Wenn Sie beispielsweise einen HomePod haben und die Musik von diesem Gerät drahtlos hören möchten, können Sie hier den Ausgang wechseln.

Die letzte Option zeigt Ihnen die nächsten Songs in der Wiedergabeliste an.

Falls Sie einen Song einer Wiedergabeliste hinzufügen wollen, klicken Sie einfach auf die drei Punkte neben dem Album/dem Namen des Künstlers. Dies ruft mehrere Optionen auf (Sie können hier auch einen Song als beliebt oder unbeliebt markieren – das hilft Apple Music zu verstehen, was Sie gerne mögen); die Option, die Sie wählen sollten, lautet zu der Wiedergabeliste hinzufügen. Wenn Sie noch keine Wiedergabeliste haben, oder Sie Ihn einer neuen hinzufügen wollen, können Sie diese hier erstellen.

32 | DAS LÄCHERLICH EINFACHE HANDBUCH FÜR APPLE SERVICES

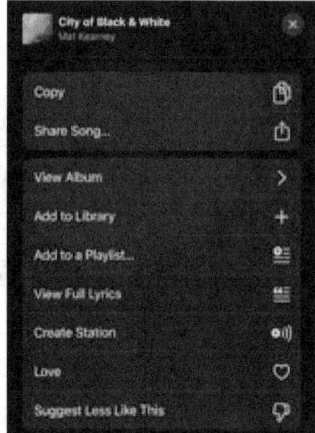

Sie können jederzeit auf den Namen des Interpreten gehen, um all dessen Musik zu sehen.

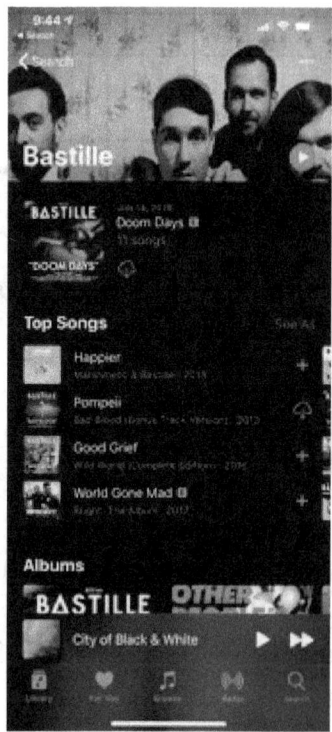

Zusätzlich zu der Ansicht von Informationen über die Band und deren beliebtesten Alben, können Sie sich eine Wiedergabeliste mit deren beliebtesten Songs oder aus Bands, auf die sie einen Einfluss hatte, erstellen lassen.

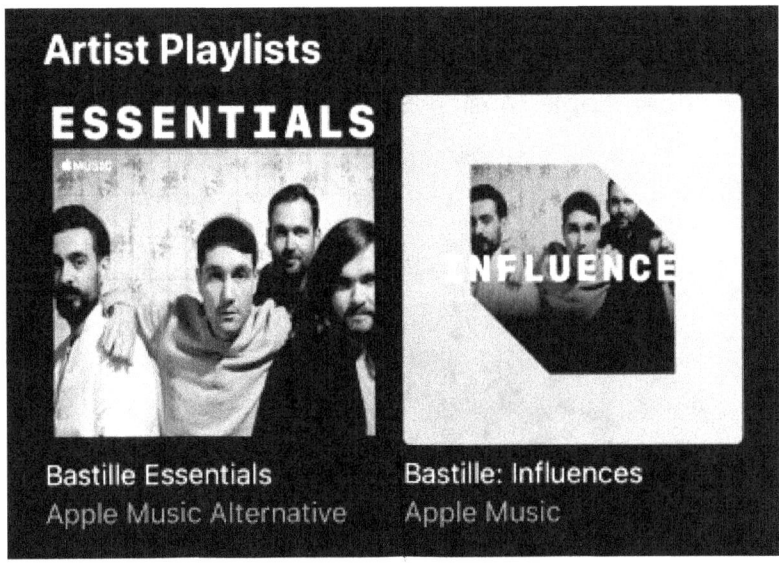

Wenn Sie nach unten scrollen, können Sie sich auch ähnliche Künstler ansehen. Dies bietet eine großartige Möglichkeit, neue Bands zu entdecken, die denen ähneln, die Sie derzeit gerne hören.

Tipps, um das Beste aus Apple Music zu machen

Mit einem Herzen reagieren

Mögen Sie das, was Sie hören gerne? Reagieren Sie mit einem Herzen! Hassen Sie es? Markieren Sie es als nicht beliebt. Apple lernt Sie über das, was Sie sich anhören kennen aber es verbessert seine Richtigkeit, wenn Sie ihm mitteilen, was Sie von einem Song, den Sie lieben wirklich halten…oder wenn Sie einen Song so richtig hassen.

Einstellungen benutzen

Einige der Ressourcen sparensten Funktionen von Apple Music finden sich nicht über Apple Music—Sie befinden sich in Ihren Einstellungen.

Öffnen Sie die App für Einstellungen und scrollen Sie nach unten zur Musik.

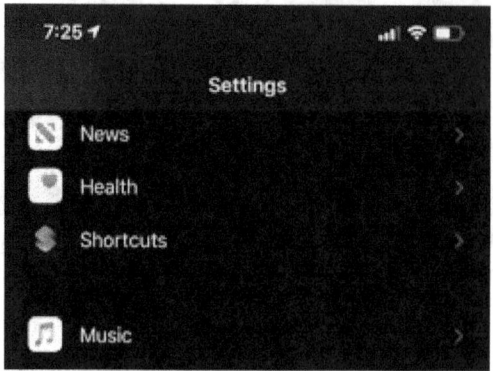

Es gibt hierbei einige Dinge zu beachten.

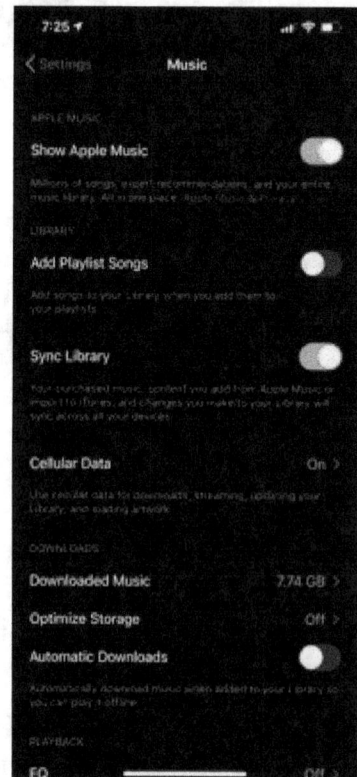

Dies finden Sie unter den Zellulären Daten. Tippen Sie darauf, um die Option zum Streamen in hoher Qualität zu sehen, Sie können dies hier aus und anstellen. Falls Sie die bestmögliche Qualität auch unter der mobile Datennutzung noch haben wollen, wählen Sie die entsprechende Option aus.

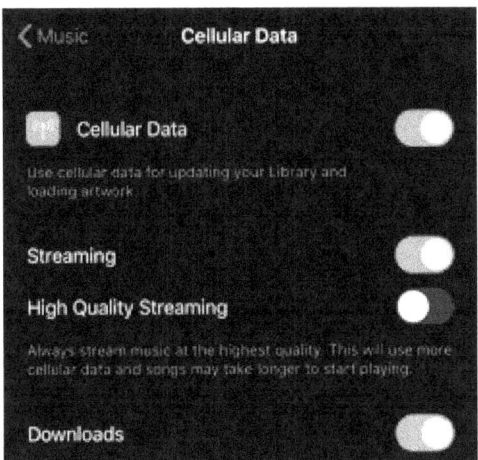

Gehen Sie als Nächstes auf Speicherplatz optimieren. Falls Ihnen der Platz zu knapp wird sollten Sie sicherstellen, dass Sie diese Funktion ausstellen.

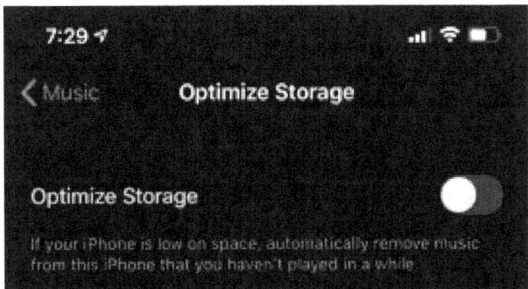

Wenn Sie die Art und Weise, wie die Musik klingt, also zum Beispiel den Bass verstärken oder verringern, wollen, gehen Sie in den Einstellungen zu EQ.

36 | DAS LÄCHERLICH EINFACHE HANDBUCH FÜR APPLE SERVICES

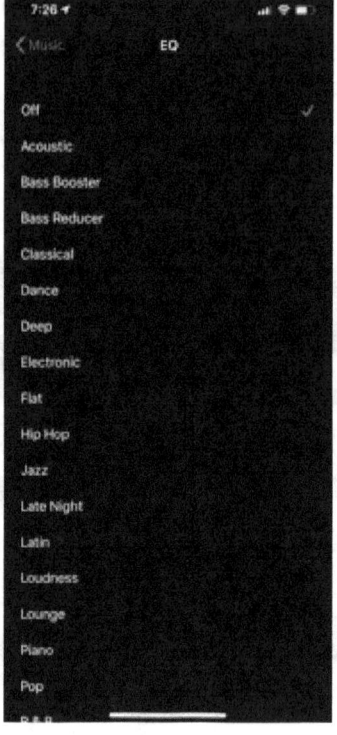

Musik herunterladen

Wenn Sie sich unterwegs nicht auf die Internetverbindung verlassen möchten, tippen Sie auf Cloud auf Musik, um die Musik lokal auf Ihr Telefon herunterzuladen. Wenn Sie keine Cloud Option sehen, fügen Sie diese Ihrer Bibliothek hinzu, indem Sie auf das Plussymbol tippen. Dadurch sollte eine Cloud hinzugefügt werden.

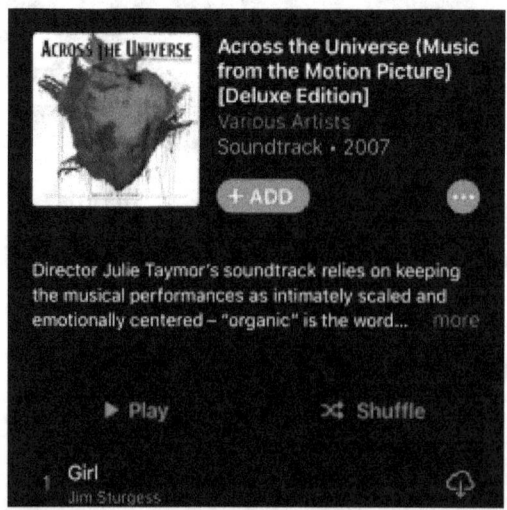

Hey, Siri

Siri kennt sich mit Musik aus! Sagen Sie "Hey Siri" und teilen Sie ihr dann mit, was Sie hören möchten, dann macht die KI sich an die Arbeit.

Mit Musik geweckt werden

Wenn Sie zu einem Lied aufwachen möchten, anstatt mit dem standardmäßigen summenden Geräusch, öffnen Sie Ihren Wecker auf dem Handy. Tippen Sie anschließend auf "Sound".

38 | DAS LÄCHERLICH EINFACHE HANDBUCH FÜR APPLE SERVICES

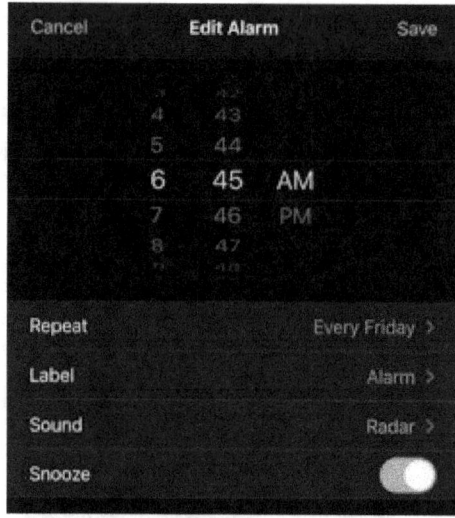

Klicken Sie von da auf "Song auswählen."

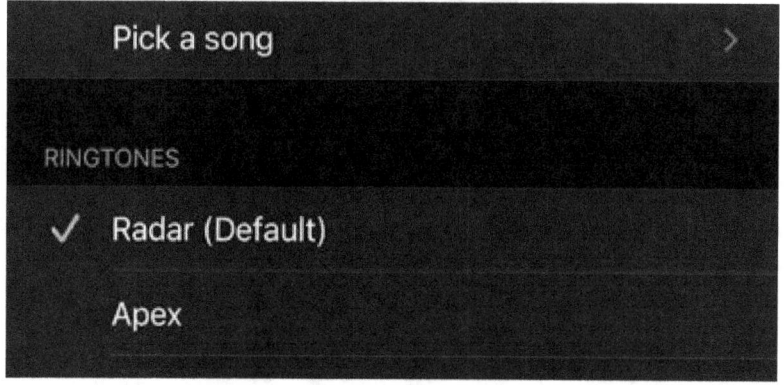

Wählen Sie schließlich Ihre Musik aus.

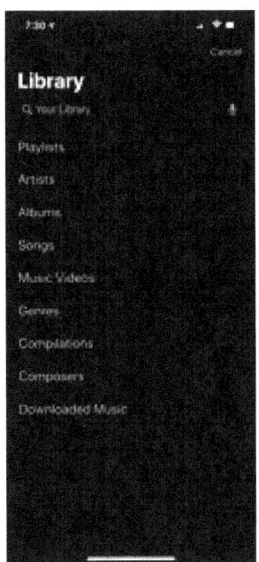

APPLE NEWS+

Im Jahr 2012 mischte eine kleine App mit großen Ambitionen namens „Next" (später in Textura geändert) die Zeitschriftenbranche auf, indem sie das Netflix der Magazine erstellte. Zu einem günstigen Preis konnten Sie Hunderte von Zeitschriften lesen (einschließlich der früheren Ausgaben). Dies waren keine kleinen Indie-Magazine, sondern die ganz großen: People, Time, Wired und viele weitere.

Apple wurde darauf aufmerksam und erwarb das Unternehmen im Jahre 2018. So konnte man das Zeichen der Zeit klar erkennen: Apple wollte in die Druckerbranche einsteigen.

Im Jahr 2019 wurde bekannt gegeben, dass Textura geschlossen werden sollte, da Apple einen neuen Dienst namens News + veröffentlichen wollte. News + kann alles, was Textura auch konnte, schloss zusätzlich aber auch Zeitungen (Los Angeles Times und The Wall Street Journal) mit in den Dienst ein. Es gibt eine kostenlose Version des Dienstes, die Nachrichten für Sie kuratiert. Die bezahlte Version, die die Zeitschriftenabonnements mit enthält, kostet 9,99 USD. (Sie können fünf Familienmitglieder mit in Ihrem Plan haben.)

Was Apple News wirklich auszeichnet, ist, dass es für Sie und Ihren Geschmack personalisierte Vorschläge heraussucht. Wenn Sie andere Familienmitglieder mit in Ihrem Plan haben, erhalten diese jemals die für ihren Geschmack angepassten Vorschläge, die Ergebnisse basieren immer auch dem persönlichen Geschmack des Benutzers. Wenn Sie also ein Familienmitglied haben, das Unterhaltungsnachrichten liebt und sie selbst bevorzugen Gamingartikel, können Sie beide nur Ihre jeweils eigenen Präferenzen einsehen.

Apple News Schnellkurs

Öffnen Sie zunächst die Nachrichten-App auf Ihrem Handy (falls diese nicht auf Ihrem Telefon vorhanden ist, können sie sie kostenlos aus dem App Store herunterladen).

Die Benutzeroberfläche für die App ist ziemlich einfach aufgebaut. Unten gibt es drei Menüoptionen:

Today–Hier finden Sie Ihre kuratierten Nachrichten

News+—Dort finden Sie Magazine

Verfolgen—Hier haben Sie die Möglichkeit, Ihre Interessen zu ändern und sie können aufhören bestimmte Nachrichten zu verfolgen.

Today

Das Today Menü zeigt Ihnen alle Ihre Nachrichten an, (beginnend im oberen Teil, wo sich die Top News/ Eilmeldungen finden) und Sie können bequem durch die Auswahl scrollen.

Die App verlässt sich viel auf Gestik. Wischen Sie über einem Artikel oder einer Überschrift nach links, um die Option zu haben, mehr ähnliche Stories zu lesen, Sie können hier auch Teilen, oder den Artikel für später speichern.

Wischen Sie über einem Artikel nach rechts und Sie haben die Möglichkeit, diesen als nicht erwünscht zu kennzeichnen (sodass keine ähnlichen Geschichten mehr angezeigt werden) oder Sie können ihn als unangebracht melden. In der Regel bedeutet das Anzeigen in einer Nachrichten-App, dass Sie Artikel dieser Natur als unangemessen empfinden. Das trifft hier zu, aber es gibt andere Gründe, etwas zu melden - zum Beispiel ein falsches Datum, etwas, dass in die falsche Kategorie sortiert ist, ein defekter Link oder etwas anderes.

42 | DAS LÄCHERLICH EINFACHE HANDBUCH FÜR APPLE SERVICES

Wenn Sie nach unten scrollen, werden Sie anfangen, verschiedene Kategorien zu sehen (Wie etwa die "Trending Stories" wie im Beispiel unten); wenn Sie auf die drei Punkte mit dem Kreis tippen, haben Sie die Option es zu blocken, sodass es nicht länger in Ihrem Feed erscheint.

Wenn Sie auf den Bildschirm tippen, um einen Artikel zu lesen, gibt es nur wenige Optionen. Oben können Sie den Text vergrößern oder verkleinern. Daneben gibt es die Möglichkeit, die Geschichte mit Freunden zu teilen (unter der Voraussetzung, dass diese Apple News haben). Um zum nächsten Inhalt zu gelangen, gibt es eine entsprechende Option in der unteren rechten Ecke (oder wischen Sie von der rechten Ecke des Bildschirms aus nach links). Um zur vorherigen Seite zurückzukehren, tippen Sie auf den Zurückpfeil in der oberen linken

Ecke oder wischen Sie von der linken Seite des Bildschirms aus nach rechts.

Eine häufige Kritik an Apple News war die Benutzeroberfläche; als Apple den Dienst zusammen mit seiner Partnerschaft mit der Los Angeles Times und dem Wall Street Journal ankündigte, erwarteten viele ein Format, das dem ähnelt, was sie in der Zeitschriftenabteilung gesehen hatten - ein vollständiges Layout, das dem Stil einer Zeitung ähnelt.

Schlimmer noch, viele wussten nicht einmal, wie sie die Zeitungen finden konnten. Und wenn sie sie gefunden hatten, wussten Sie nicht, wie man nach Artikeln sucht. Obwohl die App ziemlich gut aufgebaut ist, handelt es sich um ein noch junges Produkt und einige der gewünschten Funktionen sind möglicherweise noch nicht vorhanden.

Mit der Information im Hinterkopf sollten Sie wissen, dass Sie die Los Angeles Times (oder jede andere Zeitung in Apple News) auf traditionellere Weise „lesen" können. Suchen Sie zunächst einen Artikel in Ihrem Feed aus einer Publikation aus, von der Sie mehr sehen möchten, und klicken Sie dann oben in dem Artikel auf den Namen der Redaktion.

Dadurch wird die Veröffentlichung zusammen mit allen Themen aus dieser Veröffentlichung angezeigt.

Wenn Sie nach einer bestimmten Geschichte oder Veröffentlichung suchen möchten, gehen Sie zu dem Tab am unteren Bildschirmrand und tippen Sie auf Folgen. Suchen Sie dann nach dem, was Sie finden möchten.

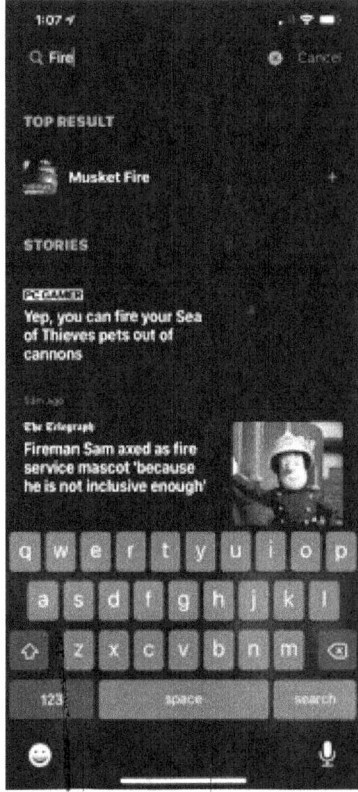

Verfolgen

Da wir gerade von der Folgen-Option sprechen, sollten wir kurz mehr darüber reden und dann zum Thema News+ im mittleren Tab zurückkehren.

Hier können Sie Ihre vorherigen Inhalte anzeigen lassen, gespeicherte Artikel (wie oben angegeben) lesen, nach Artikeln und Veröffentlichungen suchen und Themen verfolgen, oder damit aufhören sie zu verfolgen.

Um einer Kategorie nicht mehr zu folgen, müssen Sie einfach nur darüberwischen oder auf den roten Button tippen.

Scrollen Sie ein wenig nach unten, um eine neue Kategorie hinzuzufügen. Sie sehen hier die vorgeschlagenen Themen. Tippen Sie bei allen, denen Sie folgen möchten, auf das +.

Sie können Ihre Kategorien verschieben, indem Sie oben rechts auf die Schaltfläche „Bearbeiten" tippen.

News+

Der letzte zu behandelnde Abschnitt ist News +; Hier finden Sie alle die Magazine, die Sie lieben.

Das Format ähnelt dem Heute Bildschirm. Zeitschriften, die Sie lesen, befinden sich ganz oben. Darunter befinden sich Geschichten aus verschiedenen Magazinen, von denen die App glaubt, dass sie Sie interessieren. Es gibt auch einen personalisierten Bereich, diesen finden Sie unter „Für Sie".

Wenn Sie Artikel aus der Liste lesen, werden diese in dem tatsächlichen Magazin geöffnet, das sieht ein wenig anders aus als Artikel aus dem Heute Bereich.

Wenn Sie mehr aus einer Zeitschrift lesen (oder frühere Ausgaben sehen) möchten, klicken Sie einfach auf das Logo eines Artikels, den Sie gerade lesen.

Daraufhin wird eine Liste aller Ausgaben angezeigt, die Sie lesen können, sowie einige der neuesten Artikel aus dem Magazin eingeblendet.

Scott La Counte | 49

Durch Tippen auf die + Schaltfläche in der oberen rechten Ecke können Sie der Veröffentlichung folgen.

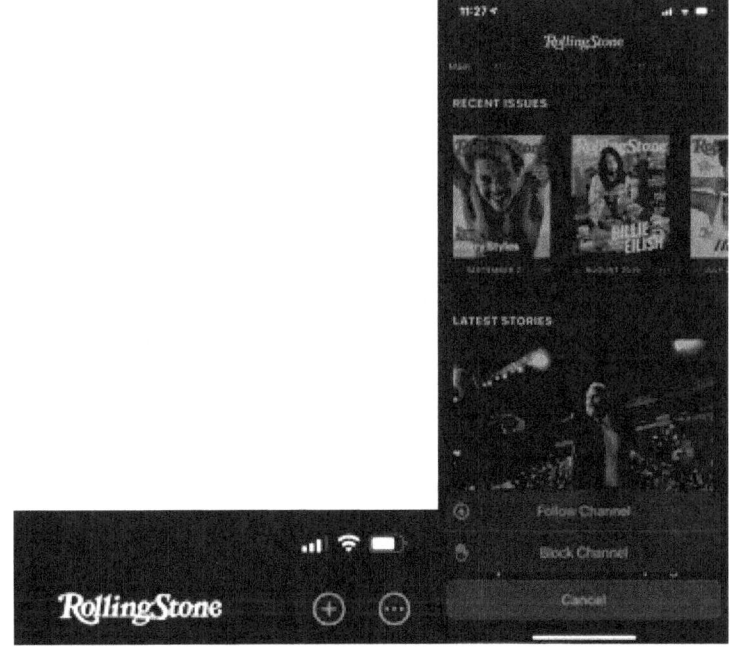

Wenn Sie das Magazin-Cover in im Abschnitt "Meine Magazine" lange drücken (gedrückt halten), können Sie auch damit aufhören, Ausgaben aus der Publikation zu folgen, sie löschen oder sie anzeigen lassen.

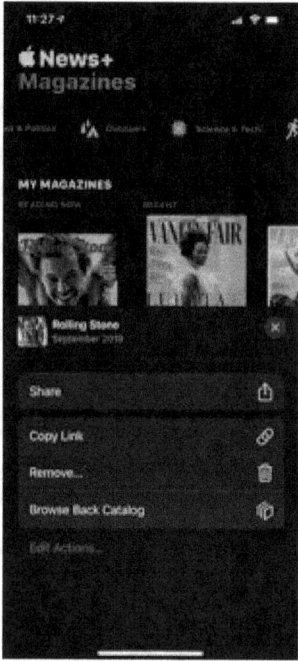

Um alle verfügbaren Magazine zu durchsuchen, wählen Sie im Hauptbildschirm Katalog durchsuchen aus (oder suchen Sie nach einer Kategorie, an der Sie interessiert sind).

Daraufhin wird eine Liste aller Zeitschriften, die Sie lesen können, angezeigt (derzeit sind es etwa 300).

Wenn Sie eine Taste lange drücken, können Sie das Magazin herunterladen, ihm folgen, es blockieren oder die Bibliothek nach früheren Ausgaben durchsuchen.

Apple Card

Eines der am meisten diskutierten neuen Produkte von Apple ist die Apple Card. Apple Card ist eine Kreditkarte, die sich auf den ersten Blick nicht von den meisten Kreditkarten unterscheidet. Sie hat möglicherweise nicht die besten Boni (1% bis 3% Cashback, abhängig von Ihrem Kauf) oder den besten Zinssatz, aber das bedeutet nicht, dass es die Industrie nicht in Aufruhr versetzte. Es ist definitiv etwas, über das Sie nachdenken sollten.

Oberflächlich besteht der Vorteil der Apple Card darin, dass Sie Ihre Boni am nächsten Tag erhalten - ohne darauf warten zu müssen. Das ist toll. Aber das Besondere sind die große Sicherheit und die Fähigkeit Ihnen dabei zu helfen, Ihre Einkäufe im Auge zu behalten.

So bekommen Sie Ihre Karte

Das Erhalten einer Apple Card ist wahrscheinlich die einfachste Kreditkartenanmeldung, die Sie jemals in Ihrem Leben erlebt haben. Rufen Sie zunächst die Wallet-App auf Ihrem iPhone auf.

Wenn die App geöffnet wird, klicken Sie auf die Schaltfläche + und folgen Sie den Anweisungen. Es wird Ihnen eine Reihe von Fragen stellen und Ihnen dann mitteilen, ob Sie die Genehmigung erhalten haben.

Sobald Ihre Anmeldung bestätigt worden ist, wird Ihre Karte zusammen mit den anderen Karten in Ihrer Wallet-App angezeigt.

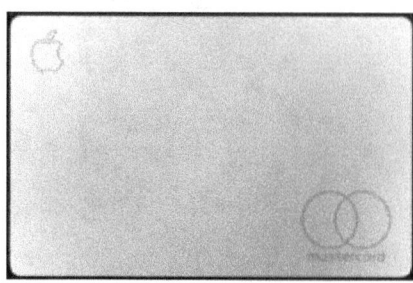

Wenn Apple Pay nicht verfügbar ist

Sobald Sie für die Karte genehmigt wurden, können Sie sie verwenden! Sie müssen nicht erst auf die Karte warten. Tatsächlich sind die Boni besser, wenn Sie die Karte nicht verwenden!

Aber manchmal braucht man eine Karte. Schließlich akzeptiert nicht jeder Apple Pay. Glücklicherweise können Sie eine Karte anfordern.

Sie werden wahrscheinlich von der Karte überrascht sein. Sie ist dick. Wirklich dick. Wahrscheinlich die dickste Karte in Ihrer Brieftasche! Sie können sie nicht einmal biegen. Sie fühlt sich nicht wie eine Plastikkarte, sondern wie Metall an. Das liegt daran, dass sie aus Metall besteht. Zum Glück ist sie aber überhaupt nicht schwer.

Die Lieferung dauert ungefähr eine Woche, und der Aktivierungsprozess wird Sie wahrscheinlich beeindrucken. Sie müssen niemanden dazu anrufen und auch keine Geheimnummer in eine Webseite eingeben. Nichts von dem ganzen Zeug.

Die Karte kommt in einem stilvollen Umschlag an; Wenn Sie die Klappe des Umschlags anheben und neben die Unterseite Ihres iPhones legen, erkennt die Karte Sie und startet den Aktivierungsvorgang. Es sieht ein bisschen wie auf dem Bildschirm unten aus - die Karte in der Abbildung wurde bereits aktiviert, sodass die einzelnen Schritte nicht mehr sichtbar sind. Der gesamte Prozess läuft schnell, elegant und nahtlos ab - alles, was man von Apple erwartet.

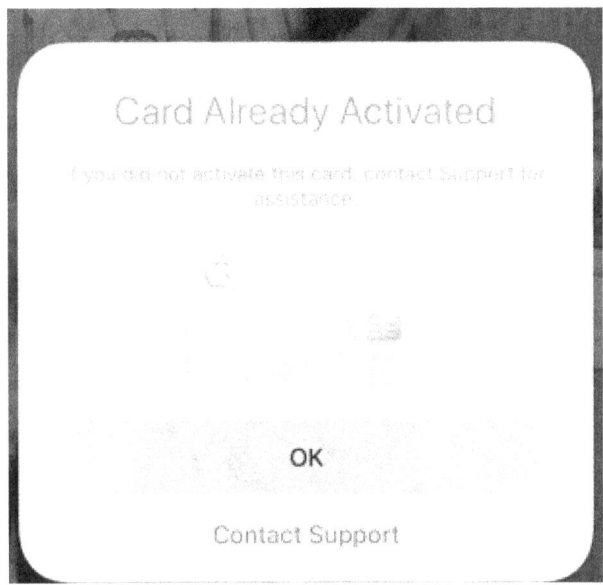

Viele Leute denken, sie müssen warten, bis ihre Karte online ist, sollte Apple Pay nicht akzeptiert werden. Das ist nicht wahr. Sie brauchen nur die Kreditkartennummer. Ich weiß, ich weiß - es gibt keine Kreditkartennummer! Hier liegen Sie falsch. Es gibt keine sichtbare Nummer, aber es gibt eine Nummer.

Um sie zu sehen, tippen Sie auf die Karte in Ihrer Wallet-App und dann auf die drei kleinen Punkte oben.

Dadurch werden Ihre Kontoinformationen geöffnet, in denen Sie Ihr Kreditlimit, Ihren Zinssatz, Ihre Zahlungen und Ihren Support sehen können. Eine der Optionen lautet "Karteninformationen".

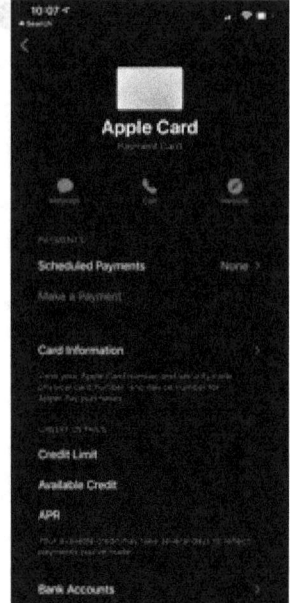

Hier können Sie Ihre Kartennummer, Ihr Ablaufdatum und Ihre Sicherheitskarte sehen. Sind sie besorgt, dass jemand Ihre Nummer besitzt? Fordern Sie einfach eine neue Nummer an.

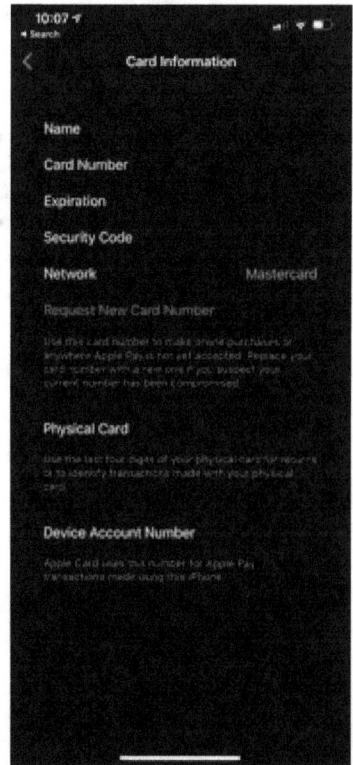

Das Anfordern einer neuen Nummer wirkt sich nicht auf Ihre physische Karte aus. Wenn jemand Ihre physische Karte stiehlt, stellen Sie einfach sicher, dass Sie diese deaktivieren, und fordern Sie eine neue Karte an. Wie macht man das? Klicken Sie auf den Zurück-Pfeil, um zu Ihrem Konto-Menü zurückzukehren. Scrollen Sie nach unten zu "Ersatzkarte anfordern". Dadurch wird Ihr Konto gesperrt, um zukünftige Transaktionen zu stoppen, und es wird eine neue Karte gesendet.

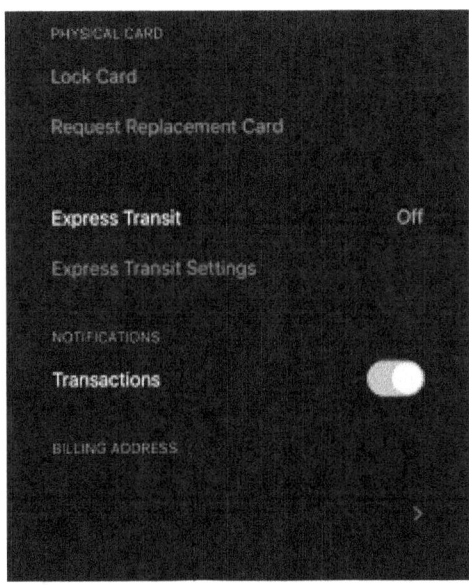

Was ist, wenn Sie die Karte entfernen möchten? Gehen Sie einen Bildschirm zurück und dann zum unteren Bildschirmrand, tippen Sie schließlich auf „Diese Karte entfernen" (denken Sie jedoch daran, dass Ihr Konto dadurch nicht geschlossen wird).

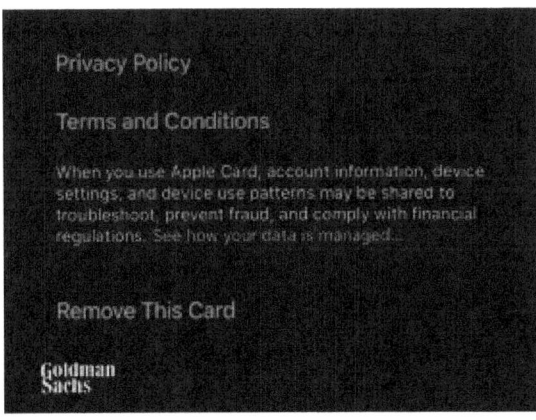

58 | DAS LÄCHERLICH EINFACHE HANDBUCH FÜR APPLE SERVICES

Beobachten Sie Ihre Kartenaktivität

Wenn Sie über die Wallet-App auf Ihre Karte tippen, können Sie alle Ihre Aktivitäten anzeigen lassen, z. B. den Kontostand, den Zeitpunkt der Zahlung und die verbleibenden Transaktionen.

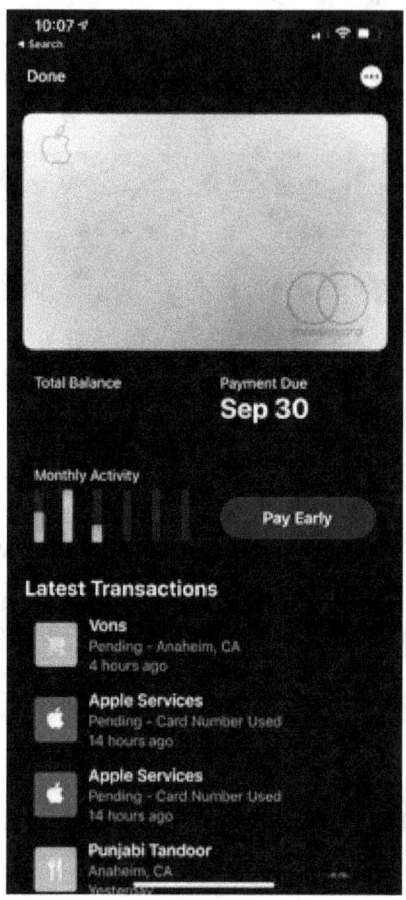

Sie sind sich nicht sicher, woher eine Transaktion stammt? Tippen Sie darauf, um weitere Informationen zu dem Kauf zu erhalten. In vielen Fällen wird eine Karte mit dem Kaufort angezeigt. Dies ist hilfreich, wenn Sie mysteriöse Zahlungen aufspüren, die auf anderen Kreditkarten mit seltsamen Namen erscheinen, die keinen Sinn ergeben und eher wie Codes als wie Unternehmen klingen.

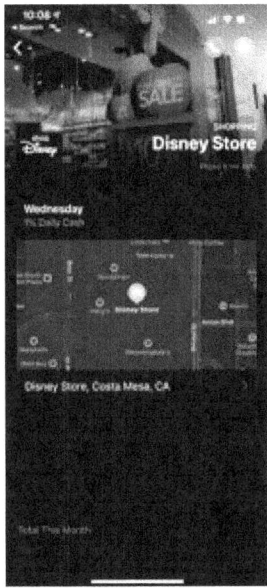

Wenn Sie im vorherigen Bildschirm auf Monatliche Aktivität tippen, werden die Kategorien angezeigt, in denen Sie Ihr Geld ausgeben. Sie können dort auch Ihre Boni sehen.

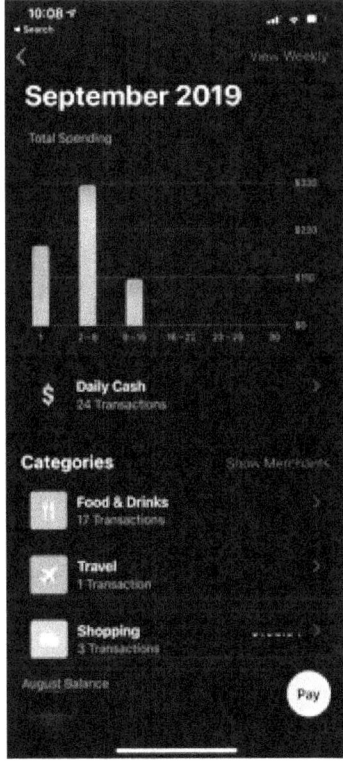

Die größte Frage in Ihrem Kopf lautet wahrscheinlich, wie Sie diese Belohnungen ausgeben können. Das Belohnungsgeld befindet sich auf einer separaten Karte namens Cash Card, auf die Sie über Ihre Wallet-App zugreifen können. Sie können das Geld überall dort ausgeben, wo Apple Pay genommen wird, oder Sie können das Geld direkt auf Ihr Bankkonto überweisen. Sie können die Cash Card auch verwenden, um Geld an Ihre Freunde zu senden.

Zahlungen tätigen und Kontoauszüge ansehen

Um eine Einzahlung auf Ihre Karte vorzunehmen, rufen Sie Ihre Hauptkartenseite auf und tippen Sie auf das Feld „Zahlung fällig". Daraufhin werden Ihre Zahlungsinformationen angezeigt. Der Zinssatz ist bei der Apple Card sehr transparent. Sehen Sie die Punkte auf dem Kreis? Tippen Sie auf das Häkchen und ziehen Sie es auf einen dieser Punkte. Hier erfahren Sie, wie hoch Ihre Zinsbelastung wäre, wenn Sie nur einen Teil der Zahlung leisten würden. Ziehen Sie in den Bereich, den Sie bezahlen möchten, und wählen Sie dann „Jetzt bezahlen" (oder „Später bezahlen", um die Zahlung zu planen) aus. Wenn Sie Ihr Bankkonto noch nicht eingerichtet haben, müssen Sie dies an dieser Stelle tun. Sie benötigen Ihre Bankkontonummer und die Routing-Informationen.

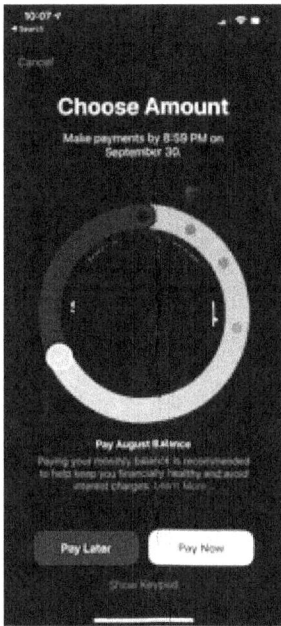

Tippen Sie im Hauptmenü auf Gesamtsaldo, um Ihre Kreditkartenabrechnung anzuzeigen. Gehen Sie dort nach unten und wählen Sie die Anweisung, die Sie sehen möchten, aus.

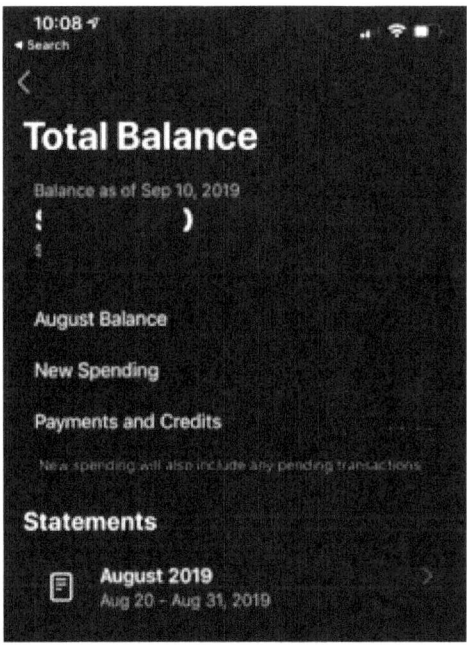

Dies liefert Ihnen einen kurzen und hochqualitativen digitalen Kontoauszug.

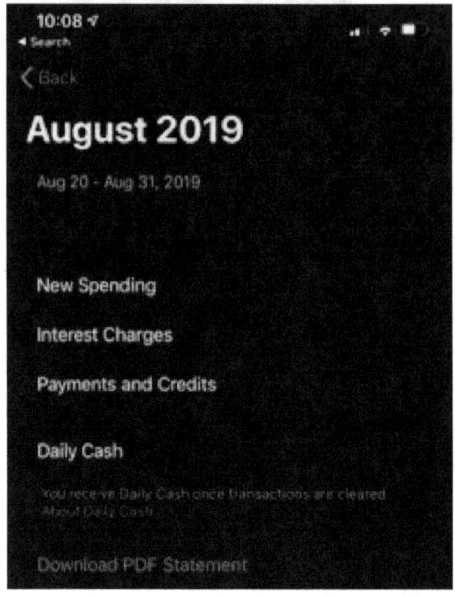

Wenn Sie Ihre vollständige Abrechnung ansehen möchten - die lange Abhandlung, die Sie normalerweise von anderen Kreditkartenanbietern per Post erhalten -, tippen Sie auf PDF-Auszug herunterladen.

FITNESS+

Eine der größten Verbesserungen auf Apples Geräten ist Fitness +. Dieser neue Apple Service sein, der die Fitnessbranche aufmischen wird.

Apple gab im September einen allgemeinen Überblick über den Dienst, hatte ihn jedoch zum Zeitpunkt der Erstveröffentlichung dieses Buches noch nicht veröffentlicht.

Der Service kostet 9,99 USD pro Monat oder 79,99 USD pro Jahr (drei Monate kostenlos, wenn Sie eine neue Apple Watch kaufen). Fitness + wird auch in den neuen Apple One Premier-Dienst (29,99 USD / Monat) integriert, mit dem Sie und Ihre ganze Familie auf alle Apple-Dienste zugreifen können.

Die Art und Weise, wie die Dienste funktionieren, ist so strukturiert, dass Sie die Art des Trainings auswählen, die Sie entweder mit Ihrem Apple TV, iPad oder iPhone durchführen möchten. Dies wird dann sofort mit Ihrer Uhr synchronisiert. Während das Trainingsvideo abgespielt wird, wird im Video beispielsweise Ihre Herzfrequenz angezeigt.

Die Workouts ändern sich jede Woche und können mit oder ohne Trainingsgeräte verwendet werden. Es gibt Workouts für Anfänger und Fortgeschrittene. Die KI von Apple empfiehlt je nach Workout-Regiment verschiedene Workouts und Trainer.

Sie können die Trainingseinheiten sogar nach Dauer filtern (von 5 Minuten bis 45 Minuten). Wenn Sie also nur wenige Minuten in Ihrem

Zeitplan zur Verfügung haben, können Sie eine Trainingsroutine finden, die in diesen Zeitplan passt.

Wenn Sie schonmal Peloton verwendet haben (oder mit Peloton vertraut sind), kennen sie ein sehr ähnliches Konzept. Der größte Unterschied besteht darin, dass Apples Service mit mehr Geräten kompatibel ist (oder überhaupt keinem Gerät benötigt). Das macht es toll für unterwegs.

Sie können auch den Musikstil auswählen, der während Ihres Trainings gespielt wird.

ÜBER DEN AUTOR

Scott La Counte ist ein Bibliothekar und Schriftsteller. Sein erstes Buch, *Quiet, Please: Dispatches from a Public Librarian* (Da Capo 2008) war die Wahl des Redakteurs für die Chicago Tribune und ein Entdecker Titel ("Discovery Title") der Los Angeles Times; im Jahre 2011 wurde sein Jungendbuch mit dem Titel „The N00b Warriors" publiziert, dieses wurde ein #1 Bestseller auf Amazon; sein neuestes Buch trägt den Titel *#OrganicJesus: Finding Your Way to an Unprocessed, GMO-Free Christianity* (Kregel 2016).

Er hat außerdem Dutzende Bestseller über Bedienungsanleitungen und Benutzertipps zu diversen technischen Geräten geschrieben.

Sie können sich mit ihm unter ScottDouglas.org in Verbindung setzen.

www.ingramcontent.com/pod-product-compliance
Lightning Source LLC
Chambersburg PA
CBHW060438220526
45465CB00008B/3192